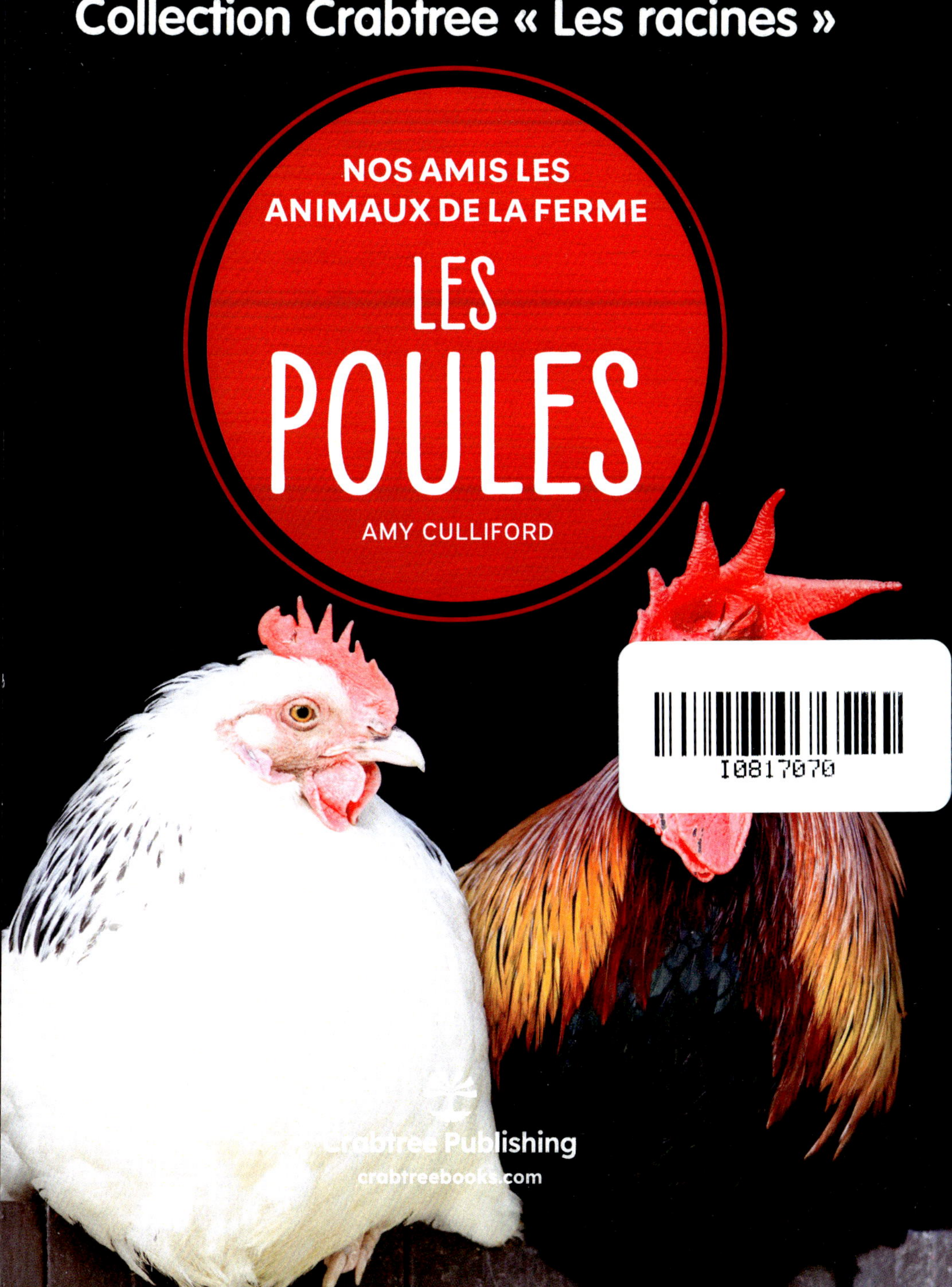
Collection Crabtree « Les racines »
NOS AMIS LES ANIMAUX DE LA FERME
LES POULES
AMY CULLIFORD
I0817070
Crabtree Publishing
crabtreebooks.com

Soutien de l'école à la maison pour les gardien(ne)s et les enseignant(e)s.

Ce livre aide les enfants à se développer grâce à la pratique de la lecture. Voici quelques exemples de questions pour aider le(a) lecteur(-trice) à développer ses capacités de compréhension. Des suggestions de réponses sont indiquées en rouge.

Avant la lecture

- De quoi ce livre parle-t-il?
    - *Ce livre parle des poules.*
    - *Ce livre parle des poules qui vivent sur une ferme.*
- Qu'est-ce que je veux savoir sur ce sujet?
    - *Je veux savoir quel cri fait une poule.*
    - *Je veux savoir de quelles couleurs peut être une poule.*

Durant la lecture

- Je me demande pourquoi...
    - *Je me demande pourquoi les poules sont de couleurs différentes.*
    - *Je me demande pourquoi les poules pondent des œufs.*
- Qu'est-ce que j'ai appris jusqu'à présent?
    - *J'ai appris que les poules sont des oiseaux.*
    - *J'ai appris que les poules pondent des œufs.*

Après la lecture

- Nomme quelques détails que tu as retenus.
    - *J'ai appris que les œufs peuvent être de différentes couleurs.*
    - *J'ai appris que les poules pondent un œuf par jour.*
- Lis le livre à nouveau et recherche des mots de vocabulaire.
    - *Je vois le mot* ***oiseaux*** *à la page 4 et le mot* ***œufs*** *à la page 8. Les autres mots de vocabulaire se trouvent à la page 14.*

Voici une **poule**.

Toutes les poules sont des **oiseaux**.

Les poules peuvent être blanches, noires, brunes ou jaunes.

Certaines poules pondent des **oeufs**.

Les œufs peuvent être blancs ou bruns.

Les poules font : *cot!*

Liste de mots

Les mots utilisés

blanches
blancs
brunes
bruns
certaines
cot
des
être
font
jaunes
les
noires
ou
peuvent
pondent
sont
toutes
une
voici

La boîte à mots

oeufs

oiseaux

poule

34 mots

Voici une **poule**.

Toutes les poules sont des **oiseaux**.

Les poules peuvent être blanches, noires, brunes ou jaunes.

Certaines poules pondent des **oeufs**.

Les œufs peuvent être blancs ou bruns.

Les poules font : cot.

Crabtree Publishing

crabtreebooks.com 800-387-7650

Au Canada : Nous reconnaissons l'appui financier du gouvernement du Canada par l'entremise du Fonds du livre du Canada pour nos activités de publication.

Catalogage avant publication de Bibliothèque et Archives Canada

Titre: Les poules / Amy Culliford ; traduction : Claire Savard.
Autres titres: Chickens. Français
Noms: Culliford, Amy, 1992- auteur.
Description: Mention de collection: Nos amis les animaux de la ferme | Collection Crabtree "Les racines" | Traduction de : Chickens.
Identifiants: Canadiana (livre imprimé) 20210129115 | Canadiana (livre numérique) 20210129255 | ISBN 9781427136282 (couverture souple) | ISBN 9781427139467 (EPUB) | ISBN 9781427136961 (HTML)
Vedettes-matière: RVM: Poulets—Ouvrages pour la jeunesse.
Classification: LCC SF487.5 .C8514 2021 | CDD j636.5—dc23

Publié au Canada
Crabtree Publishing
616 Welland Ave.
St. Catharines, Ontario
L2M 5V6

Publié aux États-Unis
Crabtree Publishing
347 Fifth Avenue
Suite 1402-145
New York, NY, 10016

Autrice : Amy Culliford
Conception : Rhea Wallace
Développement des séries : James Earley
Conseillère pédagogique : Christina Lemke M.Ed.
Traduction : Claire Savard
Photographies : Shutterstock : VisunKhankasem : couverture (haut à gauche); Perutskyi Petro : couverture (haut à droite); Moonborne : couverture (bas); Roblan : p. 1; Aksenova Natalya : p. 3, 7, 14; TTstudio : p. 4-5, 14; PhotoSongserm : p. 9; Anastasia Magonova : p. 11, 14; Putoe Soemi : p.12

Paperback	978-1-4271-3628-2
Ebook (pdf)	978-1-4271-3696-1
Epub	978-1-4271-4914-5
Read-along	978-1-4271-3946-7
Audio book	978-1-4271-4898-8

Imprimé au Canada/122023/CP20231201